Impressum
Verlag: BABADADA GmbH, Nedderfeld 112 , 22529 Hamburg
Geschäftsführer / Verlagsleitung: Harald Hof
Druck: Books on Demand GmbH, In de Tarpen 42, 22848 Norderstedt

Imprint
Publisher: BABADADA GmbH, Nedderfeld 112 , 22529 Hamburg, Germany
Managing Director / Publishing direction: Harald Hof
Print: Books on Demand GmbH, In de Tarpen 42, 22848 Norderstedt, Germany

la escuela
skola

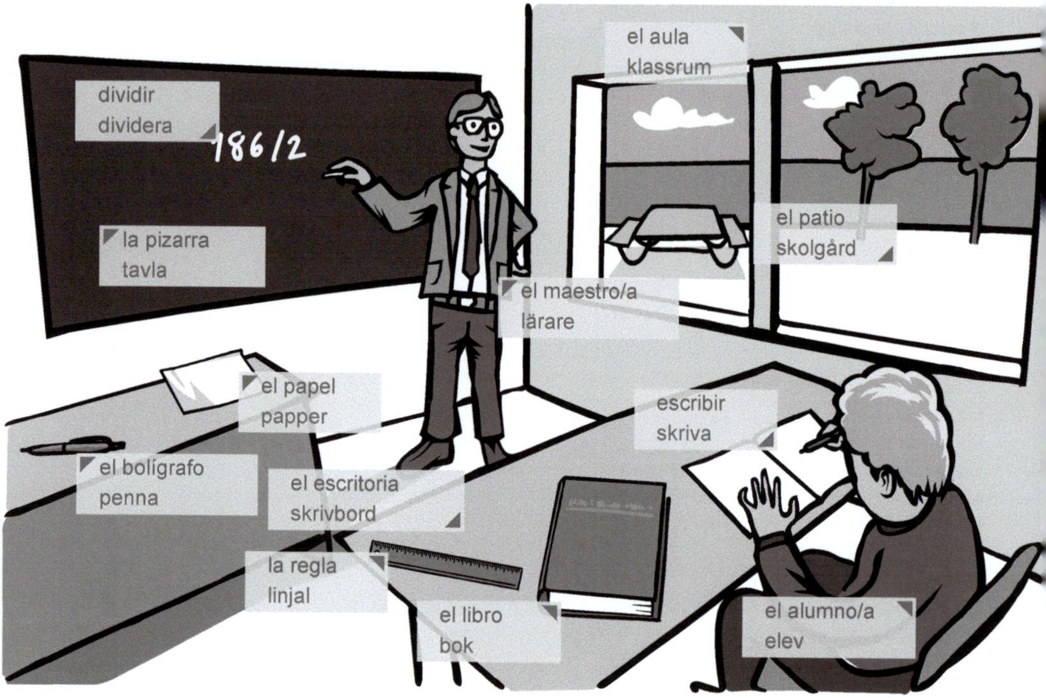

el aula
klassrum
dividir
dividera
186/2
la pizarra
tavla
el patio
skolgård
el maestro/a
lärare
el papel
papper
escribir
skriva
el bolígrafo
penna
el escritoria
skrivbord
la regla
linjal
el libro
bok
el alumno/a
elev

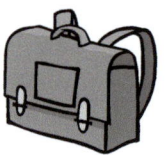

la cartera
....
skolväska

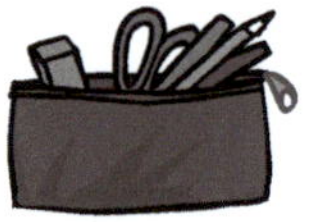

la caja de lápices
....
pennfodral

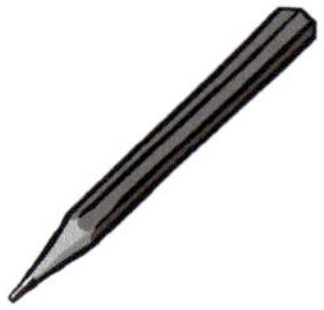

el lápiz
....
blyertspenna

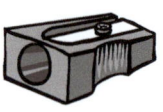

el sacapuntas
....
pennvässare

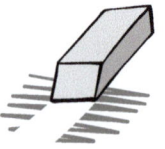

la goma de borrar
....
suddgummi

el cuaderno de dibujo
....
ritblock

el dibujo

teckning

el pincel

pensel

la caja de pinturas

målarlåda

las tijeras

sax

el pegamento

lim

el cuaderno de ejercicios

övningsbok

los deberes

hemläxa

12

el número

tal

2+2

sumar

addera

5-2

restar

subtrahera

2×2

multiplicar

multiplicera

calcular

räkna

A

la letra

bokstav

ABCDEFG HIJKLMN OPQRSTU VWXYZ

el alfabeto

alfabet

la palabra

ord

el texto

text

leer

läsa

la tiza

krita

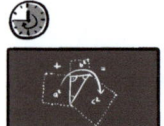

la lección

lektion

el cuaderno de notas

register

el examen

prov

el certificado

intyg

el uniforme

skoluniform

la educación

utbildning

la enciclopedia

uppslagsverk

la universidad

universitet

el microscopio

mikroskop

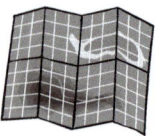

el mapa

karta

la papelera

papperskorg

el viaje

resa

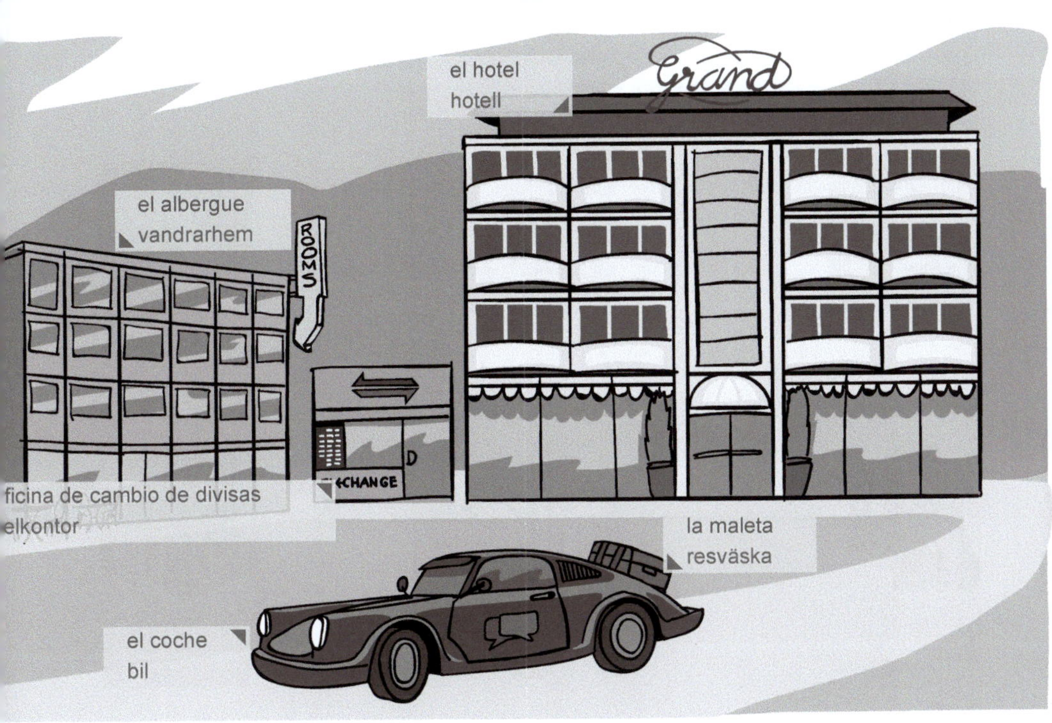
el hotel
hotell
Grand
el albergue
vandrarhem
ROOMS
ficina de cambio de divisas
elkontor
la maleta
resväska
el coche
bil

el idioma

språk

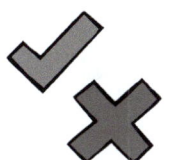

sí / no

ja / nej

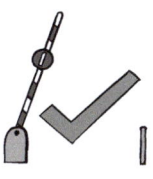

Vale

Okay

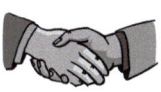

hola

hej

el traductor

översättare

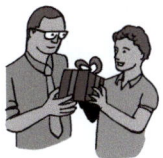

Gracias

Tack

¿cuánto es...?

hur mycket kostar...?

No entiendo

jag förstår inte

el problema

problem

¡Buenas tardes!

God kväll!

¡Buenos días!

God morgon!

¡Buenas noches!

God natt!

adiós

hejdå

la dirección

riktning

el equipaje

bagage

la bolsa

väska

la mochila

ryggsäck

el invitado

gäst

la habitación

rum

el saco de dormir

sovsäck

la tienda de campaña

tält

el viaje - resa

la información turística

turistinformation

la playa

strand

la tarjeta de crédito

kreditkort

el desayuno

frukost

el almuerzo

lunch

la cena

middag

el billete

biljett

el ascensor

hiss

el sello

frimärke

la frontera

gräns

la aduana

tull

la embajada

ambassad

la visa

visum

el pasaporte

pass

el transporte

transport

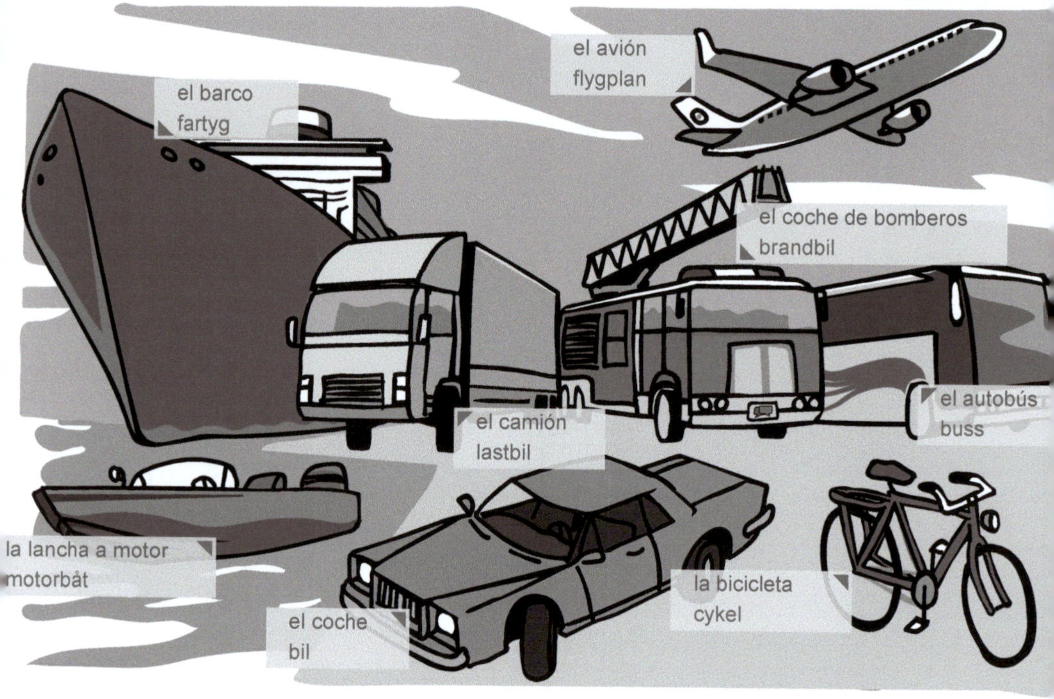
el avión
flygplan
el barco
fartyg
el coche de bomberos
brandbil
el autobús
buss
el camión
lastbil
la lancha a motor
motorbåt
la bicicleta
cykel
el coche
bil

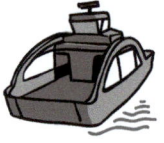

el transbordador

färja

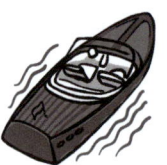

la barca

båt

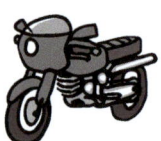

la moto

motorcykel

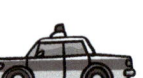

el coche de policía

polisbil

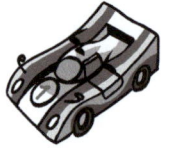

el coche de carreras

racerbil

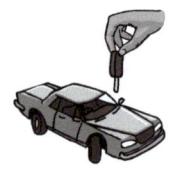

el coche de alquiler

hyrbil

el préstamo de vehículos

bilpool

la grúa

bärgningsbil

el camión de la basura

sopbil

el motor

motor

la gasolina

bränsle

la gasolinera

bensinstation

la señal de tráfico

vägmärke

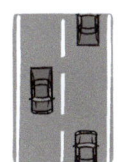

el tráfico

trafik

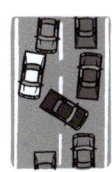

el atasco

bilkö

el aparcamiento

parkeringsplats

la estación de tren

tågstation

las vías

räls

el tren

tåg

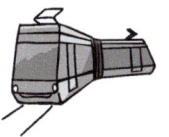

el tranvía

spårvagn

el vagón

vagn

el transporte - transport

el helicóptero

helikopter

el aeropuerto

flygplats

la torre

torn

el pasajero

passagerare

el contenedor

container

la caja de cartón

kartong

la carretilla

vagn

la cesta

korg

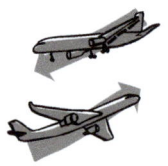

despegar / aterrizar

starta / landa

la ciudad

stad

el pueblo

by

el centro de la ciudad

centrum

la casa

hus

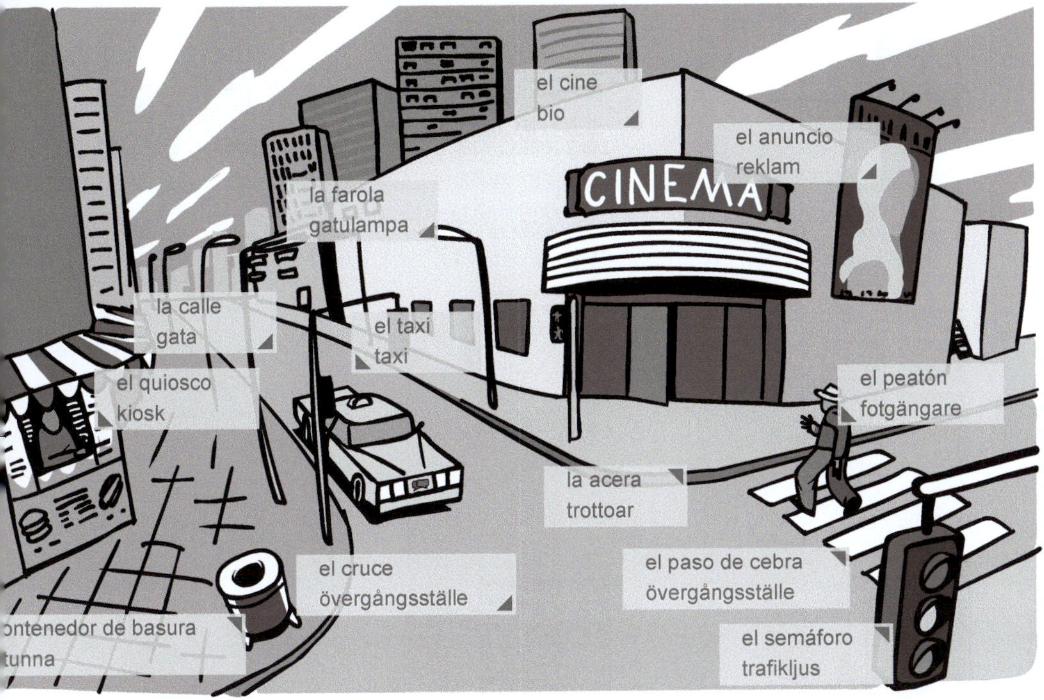

el cine
bio

el anuncio
reklam

la farola
gatulampa

la calle
gata

el taxi
taxi

el quiosco
kiosk

el peatón
fotgängare

la acera
trottoar

el cruce
övergångsställe

el paso de cebra
övergångsställe

ontenedor de basura
tunna

el semáforo
trafikljus

CINEMA

la cabaña
stuga

el apartamento
lägenhet

la estación de tren
tågstation

el ayuntamiento
stadshus

el museo
museum

la escuela
skola

la universidad

universitet

el banco

bank

el hospital

sjukhus

el hotel

hotell

la farmacia

apotek

la oficina

kontor

la librería

bokhandel

la tienda de campaña

affär

la floristería

blomsterbutik

el supermercado

stormarknad

el mercado

marknad

los grandes almacenes

varuhus

la pescadería

fiskhandlare

el centro comercial

köpcentrum

el puerto

hamn

el parque

park

el banco

bänk

el puente

brygga

las escaleras

trappa

el metro

tunnelbana

el túnel

tunnel

la parada de autobús

busshållplats

el bar

bar

el restaurante

restaurang

el buzón

brevlåda

el poste indicador

gatuskylt

el parquímetro

parkeringsautomat

el zoo

zoo

la piscina

simbassäng

la mezquita

moské

la granja
bondgård

la contaminación
förorening

el cementerio
kyrkogård

la iglesia
kyrka

el patio de juego
lekplats

el templo
tempel

el paisaje
landskap

la hoja
löv

la señal
vägskylt

el camino
väg

el prado
äng

la piedra
sten

el excursionista
liftare

el árbol
träd

el río
flod

la hierba
gräs

la flor
blomma

el valle

dal

la colina

kulle

el lago

sjö

el bosque

skog

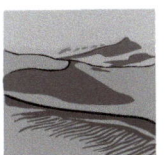

el desierto

öken

el volcán

vulkan

el castillo

slott

el arcoíris

regnbåge

el champiñón

svamp

la palmera

palm

el mosquito

mygga

la mosca

fluga

la hormiga

myra

la abeja

bi

la araña

spindel

el escarabajo

skalbagge

la rana

groda

la ardilla

ekorre

el erizo

igelkott

la liebre

hare

la lechuza

uggla

el pájaro

fågel

el cisne

svan

el jabalí

vildsvin

el ciervo

rådjur

el alce

älg

la presa

damm

la turbina eólica

vindkraftverk

el panel solar

solcellspanel

el clima

klimat

el restaurante
restaurang

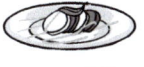

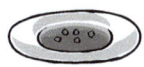

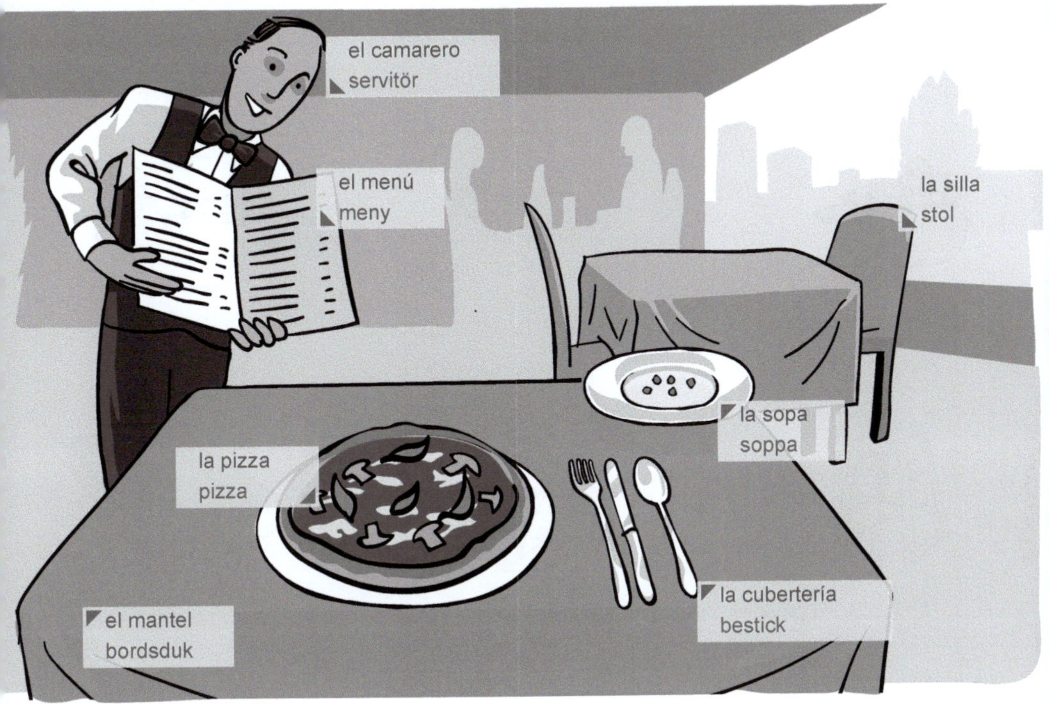

el camarero
servitör
el menú
meny
la silla
stol
la sopa
soppa
la pizza
pizza
la cubertería
bestick
el mantel
bordsduk

el primer plato

förrätt

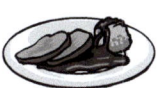

el plato principal

huvudrätt

el postre

dessert

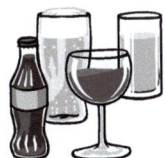

las bebidas

drycker

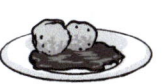

la comida

mat

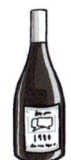

la botella

flaska

la comida rápida

snabbmat

la comida callejera

street food

la tetera

tekanna

el azucarero

sockerskål

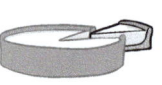

la porción

portion

la cafetera expreso

espressomaskin

la trona

barnstol

la cuenta

räkning

la bandeja

bricka

el cuchillo

kniv

el tenedor

gaffel

la cuchara

sked

la cucharilla

tesked

la servilleta

servett

el vaso

glas

el plato
tallrik

el plato hondo
sopptallrik

el platillo
tefat

la salsa
sås

el salero
saltkar

el molinillo de pimienta
pepparkvarn

el vinagre
vinäger

el aceite
olja

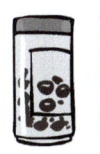

las especias
kryddor

el ketchup
ketchup

la mostaza
senap

la mayonesa
majonnäs

el supermercado
stormarknad

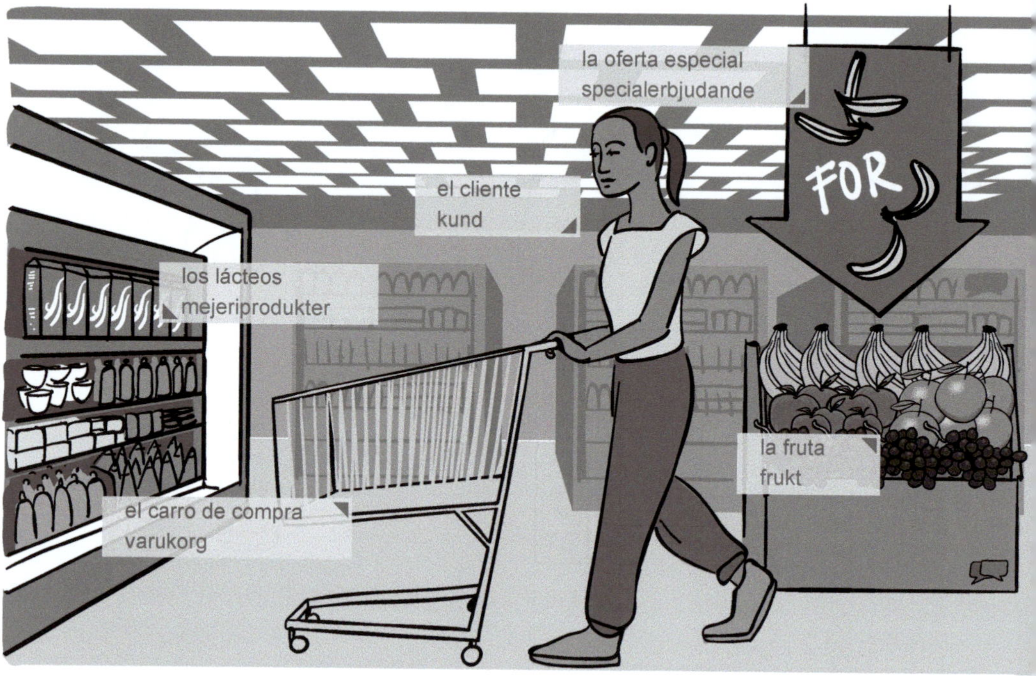

la oferta especial
specialerbjudande
FOR
el cliente
kund
los lácteos
mejeriprodukter
la fruta
frukt
el carro de compra
varukorg

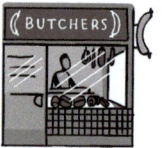

BUTCHERS

la carniceria
charkuteri

BAKERY

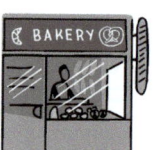

la panadería
bageri

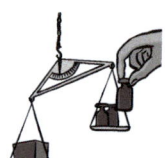

pesar
väga

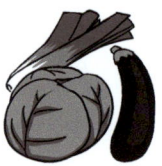

las verduras
grönsaker

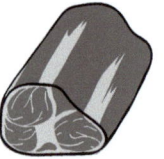

la carne
kött

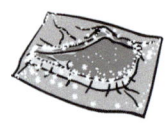

los alimentos congelados
frysta livsmedel

los fiambres

pålägg

las conservas

konserver

el detergente en polvo

tvättmedel

los dulces

godis

productos de uso doméstico

hushållsprodukter

productos de limpieza

rengöringsmedel

la vendedora

försäljare

la caja de cartón

kassa

el cajero

kassör

la lista de la compra

inköpslista

el horario de atención al público

öppettider

la cartera

plånbok

la tarjeta de crédito

kreditkort

la bolsa de plástico

väska

la bolsa de plástico

plastpåse

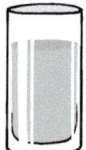

el agua

vatten

el zumo

juice

la leche

mjölk

la cola

cola

el vino

vin

la cerveza

öl

el alcohol

alkohol

el cacao

kakao

el té

te

el café

kaffe

el expreso

espresso

el capuchino

cappuccino

el plátano

banan

la manzana

äpple

la naranja

apelsin

el melón

melon

el limón

citron

la zanahoria

morot

el ajo

vitlök

el bambú

bambu

la cebolla

lök

el champiñón

svamp

las avellanas

nötter

los fideos

nudlar

las espagueti

spaghetti

el arroz

ris

la ensalada

sallad

las patatas fritas

pommes frites

las patatas fritas

stekt potatis

la pizza

pizza

la hamburguesa

hamburgare

el sándwich

smörgås

el filete

schnitzel

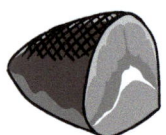

el jamón

skinka

le salami

salami

la salchicha

korv

el pollo

kyckling

el asado

stek

el pescado

fisk

los copos de avena
havregryn

el muesli
müsli

los copos de maíz
cornflakes

la harina
mjöl

el cruasán
croissant

el panecillo
fralla

el pan
bröd

la tostada
rostat bröd

las galletas
kex

la mantequilla
smör

la cuajada
kvarg

el pastel
kaka

el huevo
ägg

el huevo frito
stekt ägg

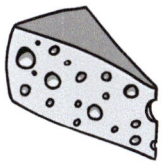

el queso
ost

el helado

glass

el azúcar

socker

la miel

honung

la mermelada

sylt

la crema de turrón

nougatkräm

el curry

curry

la comida - mat

la granja
bondgård

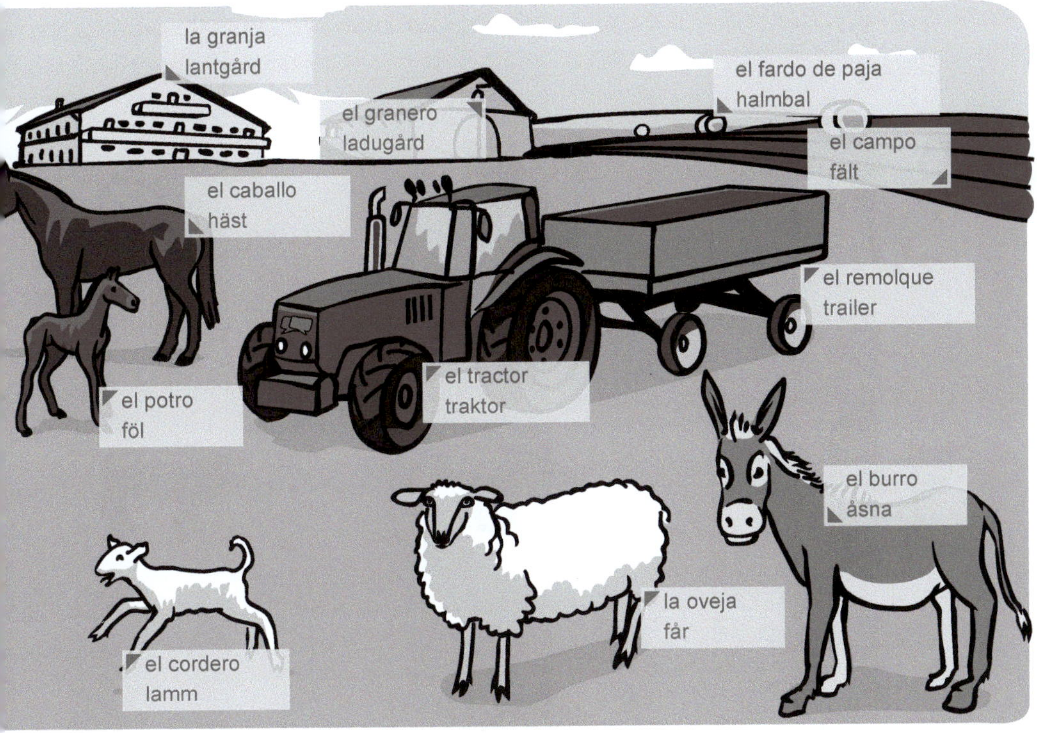
la granja
lantgård
el granero
ladugård
el fardo de paja
halmbal
el campo
fält
el caballo
häst
el remolque
trailer
el tractor
traktor
el potro
föl
el burro
åsna
la oveja
får
el cordero
lamm

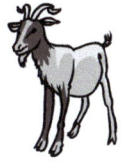

la cabra
get

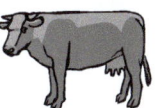

la vaca
ko

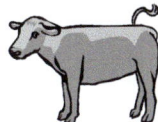

el ternero
kalv

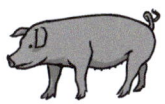

el cerdo
gris

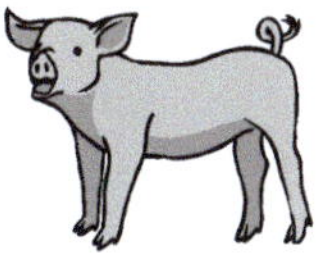
el cerdito
griskulting

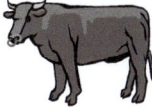

el toro
tjur

el ganso

gås

el pato

anka

el pollo

kyckling

la gallina

höna

el gallo

tupp

la rata

råtta

el gato

katt

el ratón

mus

el buey

oxe

el perro

hund

la perrera

hundkoja

la manguera

trädgårdsslang

la regadera

vattenkanna

la guadaña

lie

el arado

plog

la hoz
skära

la azada
hacka

la horca
högaffel

el hacha
yxa

la carretilla
skottkärra

el abrevadero
tråg

la lechera
mjölkflaska

el saco
säck

la valla
staket

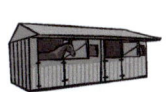

el establo
stall

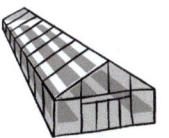

el invernadero
växthus

el suelo
jord

la semilla
säd

el fertilizador
gödsel

la cosechadora
skördetröska

cosechar

skörda

la cosecha

skörd

el ñame

jams

el trigo

vete

el soja

soja

la patata

potatis

el maíz

majs

la semilla de colza

raps

el árbol frutal

fruktträd

la mandioca

maniok

las cereales

spannmål

la casa
hus

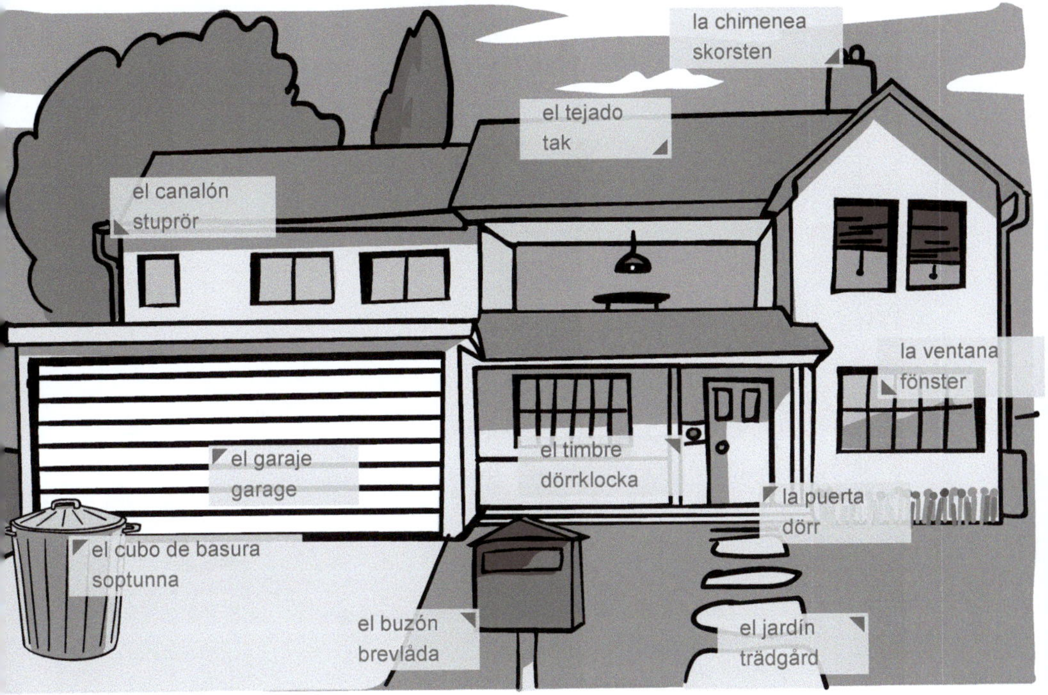
la chimenea
skorsten
el tejado
tak
el canalón
stuprör
la ventana
fönster
el garaje
garage
el timbre
dörrklocka
la puerta
dörr
el cubo de basura
soptunna
el buzón
brevlåda
el jardín
trädgård

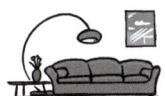

la sala
vardagsrum

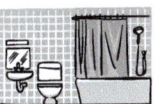

el cuarto de baño
badrum

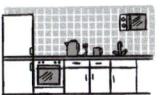

la cocina
kök

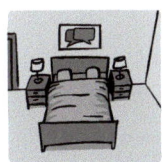

el dormitorio
sovrum

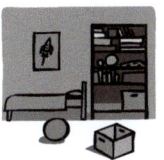

la habitación de los niños
barnrum

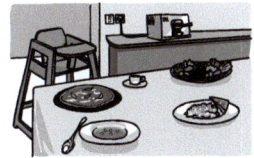

el comedor
matsal

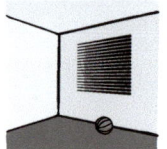

el suelo

golv

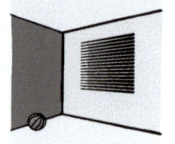

la pared

vägg

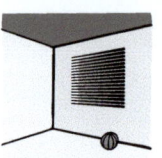

el techo

tak

el sótano

källare

la sauna

bastu

el balcón

balkong

la terraza

terrass

la piscina

bassäng

el cortacésped

gräsklippare

la sábana

lakan

la colcha

överkast

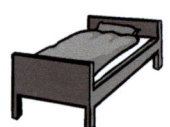

la cama

säng

la escoba

kvast

el balde

hink

el interruptor

strömbrytare

la sala
vardagsrum

el papel pintado
tapet
la imagen
bild
la lámpara
lampa
el estante
hylla
el armario
skåp
la televisión
TV
la chimenea
eldstad
la flor
blomma
el cojín
kudde
el sofá
soffa
el jarrón
vas
el mando a distancia
fjärrkontroll

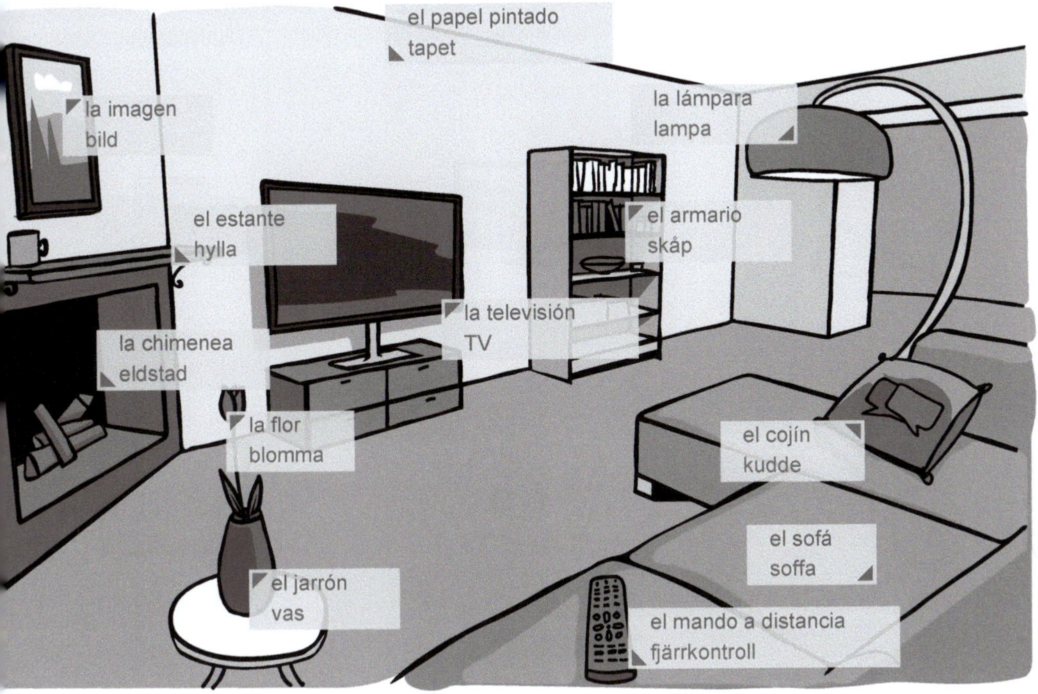

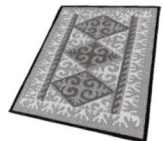

la alfombra

matta

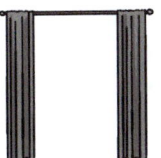

la cortina

gardin

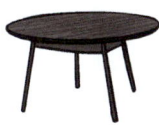

la mesa

bord

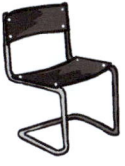

la silla

stol

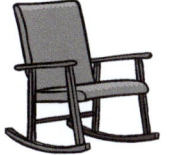

el mecedora

gungstol

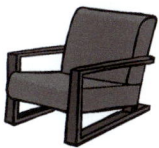

la butaca

fåtölj

el libro

bok

la manta

filt

la decoración

dekoration

la leña

vedträ

la película

film

el equipo de música

stereoanläggning

la llave

nyckel

el periódico

dagstidning

la pintura

målning

el póster

poster

la radio

radio

el cuaderno

anteckningsbok

la aspiradora

dammsugare

el cactus

kaktus

la vela

stearinljus

la cocina
kök

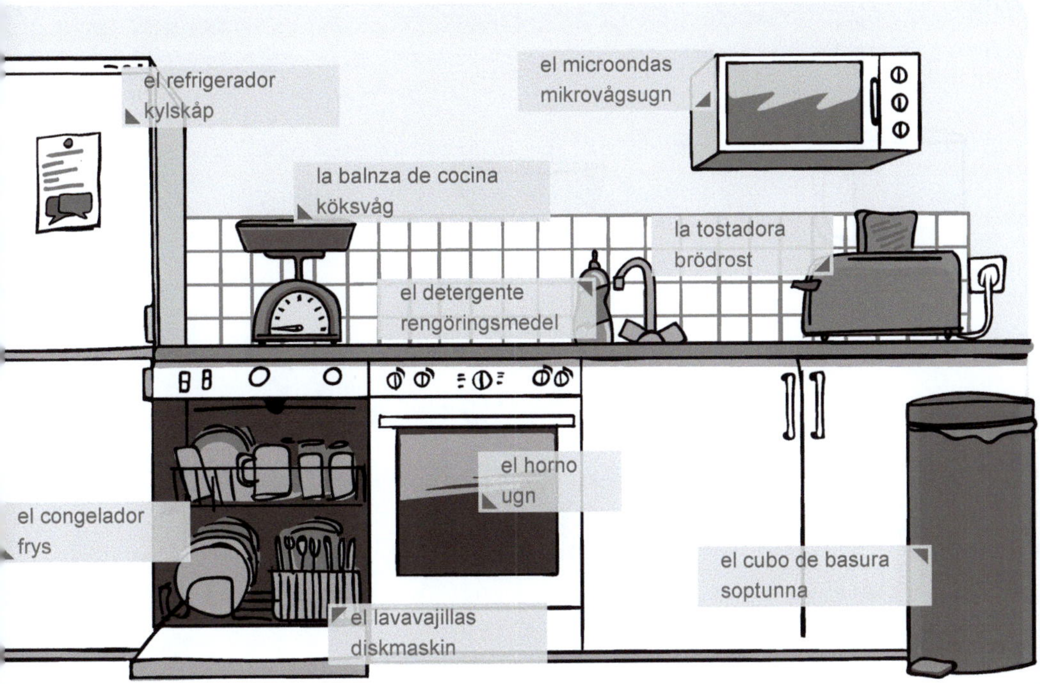
el refrigerador
kylskåp
el microondas
mikrovågsugn
la balnza de cocina
köksvåg
la tostadora
brödrost
el detergente
rengöringsmedel
el horno
ugn
el congelador
frys
el cubo de basura
soptunna
el lavavajillas
diskmaskin

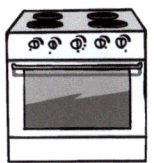

la olla a presión

spis

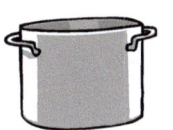

la olla

kastrull

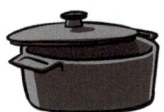

la olla de hierro fundido

järngryta

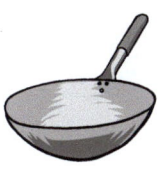

el wok

wok / kadai

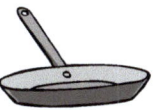

la cazuela

stekpanna

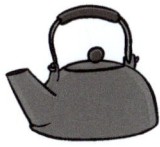

el hervidor

vattenkokare

la vaporera

ångkokare

la chapa de horno

bakplåt

la vajilla

porslin

la taza

mugg

el tazón

skål

los palillos

ätpinnar

el cucharón

soppslev

la espumadera

stekspade

el batidor

visp

el colador

durkslag

el cedazo

sil

el rallador

rivjärn

el mortero

mortel

la barbacoa

grill

la hoguera

brasa

la tabla de picar

skärbräda

el rodillo

kavel

el sacacorchos

korkskruv

la lata

burk

el abrelatas

burköppnare

el agarrador

grytlapp

el lavabo

vask

el cepillo

borste

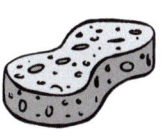

la esponja

svamp

la batidora

mixer

el congelador

frys

el biberón

nappflaska

el grifo

kran

la cocina - kök

el cuarto de baño
badrum

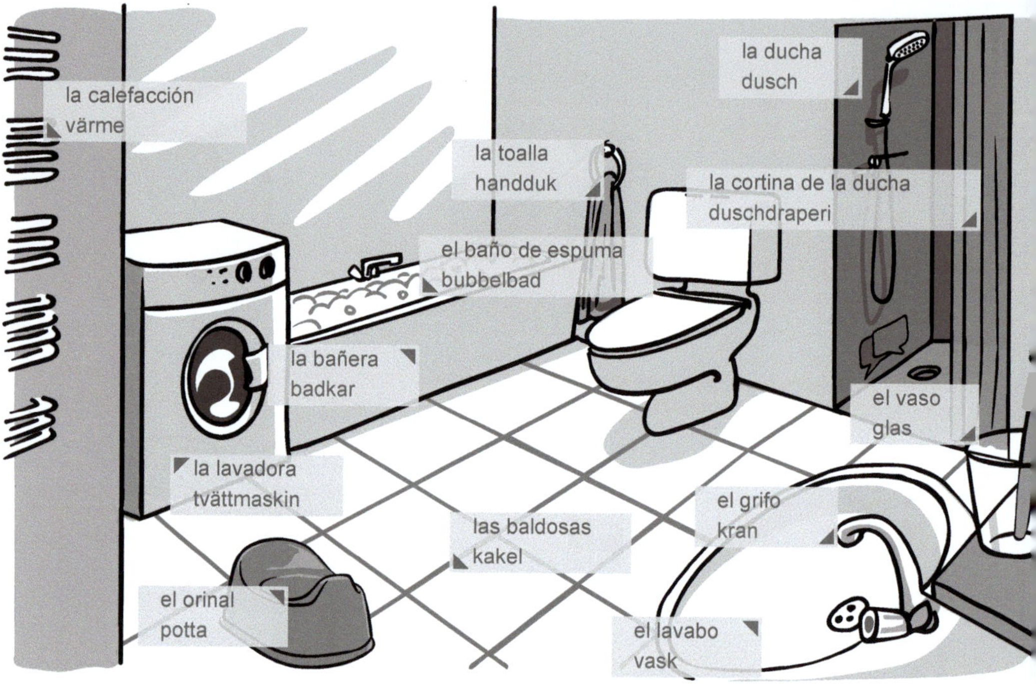

la calefacción
värme
la toalla
handduk
la ducha
dusch
la cortina de la ducha
duschdraperi
el baño de espuma
bubbelbad
la bañera
badkar
el vaso
glas
la lavadora
tvättmaskin
el grifo
kran
las baldosas
kakel
el orinal
potta
el lavabo
vask

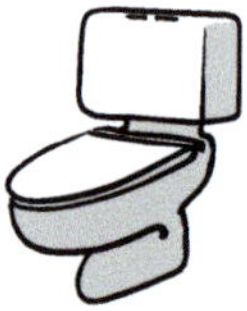

el inodoro

toalett

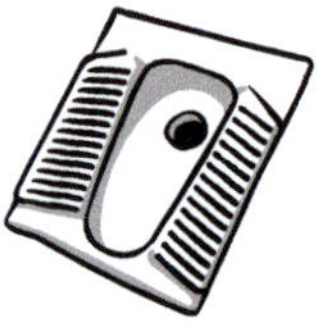

el inodoro rústico

låg toalett

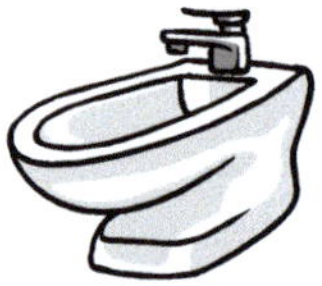

el bidé

bidet

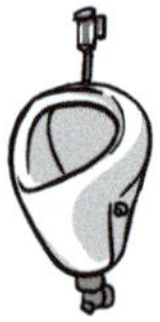

el urinario

pissoar

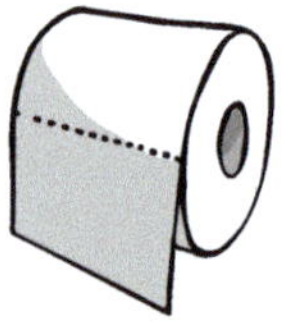

el papel higiénico

toalettpapper

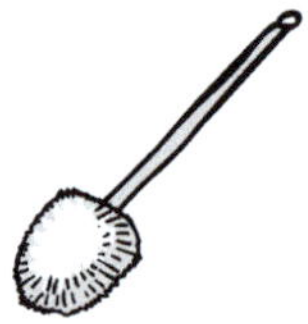

la escobilla del váter

toalettborste

el cepillo de dientes

tandborste

la pasta de dientes

tandkräm

el hilo dental

tandtråd

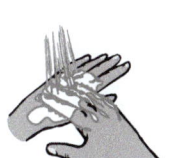

lavar

tvätta

la ducha de mano

handdusch

la ducha íntima

intimdusch

la pila

handfat

el cepillo de espalda

ryggborste

el jabón

tvål

el gel de ducha

duschgel

el champú

schampo

la toallita

trasa

el desagüe

avlopp

la crema

crème

el desodorante

deodorant

el espejo
....
spegel

el espejo de tocador
....
handspegel

la maquinilla de afeitar
....
rakhyvel

la espuma de afeitar
....
raklödder

la loción postafeitado
....
rakvatten

el peine
....
kam

el cepillo
....
borste

el secador
....
hårtork

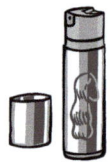

la laca
....
hårspray

el maquillaje
....
smink

el pintalabios
....
läppstift

el pintauñas
....
nagellack

el algodón
....
bomullsvadd

el cortauñas
....
nagelsax

el perfume
....
parfym

el estuche de viaje

necessär

la banqueta

pall

la balanza

våg

el albornoz

badrock

los guantes de goma

gummihandskar

el tampón

tampong

la compresa

binda

el inodoro químico

kemisk toalett

la habitación de los niños

barnrum

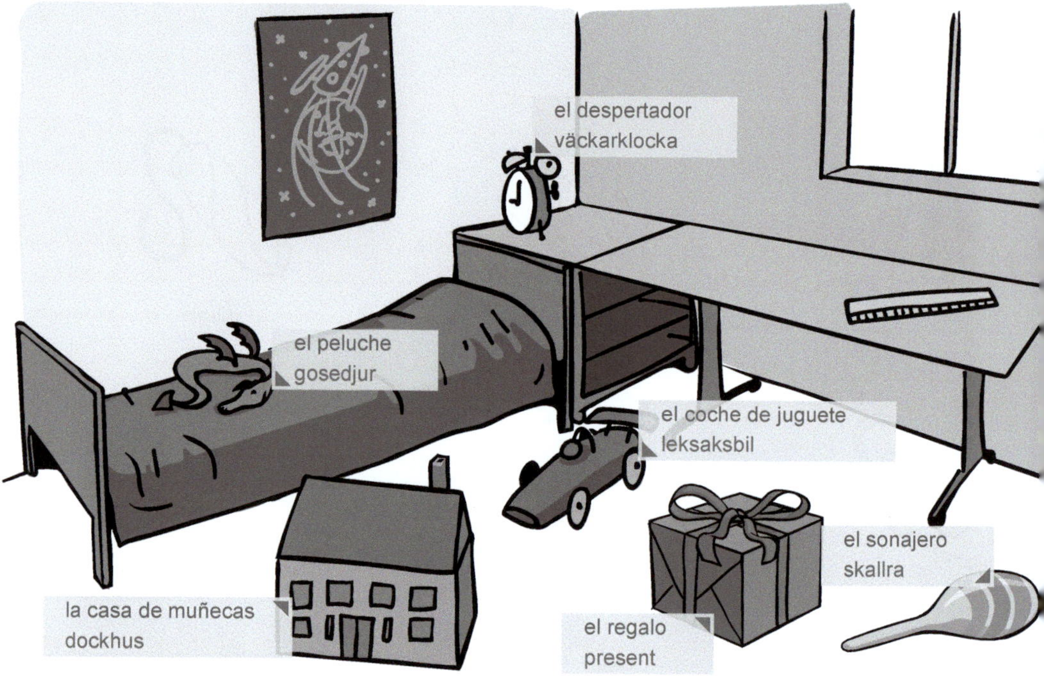

el despertador
väckarklocka
el peluche
gosedjur
el coche de juguete
leksaksbil
el sonajero
skallra
la casa de muñecas
dockhus
el regalo
present

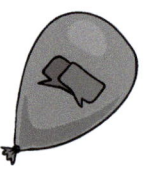

el globo

ballong

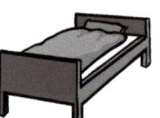

la cama

säng

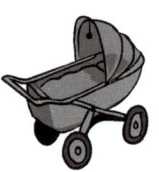

el coche de niño

barnvagn

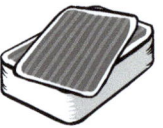

los naipes

kortlek

el puzle

pussel

SUPER
MEGA

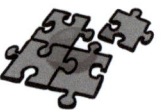

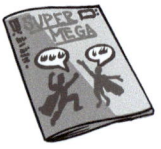

el tebeo

serietidning

las piezas de lego

legobitar

los bloques de juguete

klossar

la figura de acción

actionfigur

el bodi (de bebé)

sparkdräkt

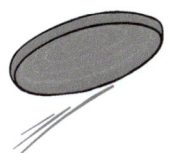

el frisbee

frisbee

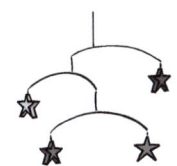

el colgador móvil para bebés

mobil

el juego de mesa

brädspel

los dados

tärning

el circuito de tren eléctrico

modelljärnväg

el maniquí

napp

la fiesta

party

el álbum de fotos

bilderbok

la pelota

boll

la muñeca

docka

jugar

spela

el cajón de arena

sandlåda

el columpio

gunga

los juguetes

leksaker

la videoconsola

spelkonsol

el triciclo

trehjuling

el oso de peluche

nalle

la guardarropa

garderob

la ropa
kläder

los calcetines

sockar

las medias

strumpor

los leotardos

tights

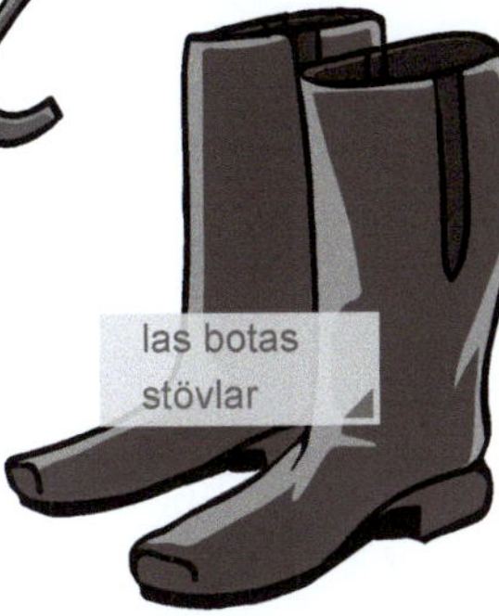

la bufanda
halsduk

el paraguas
paraply

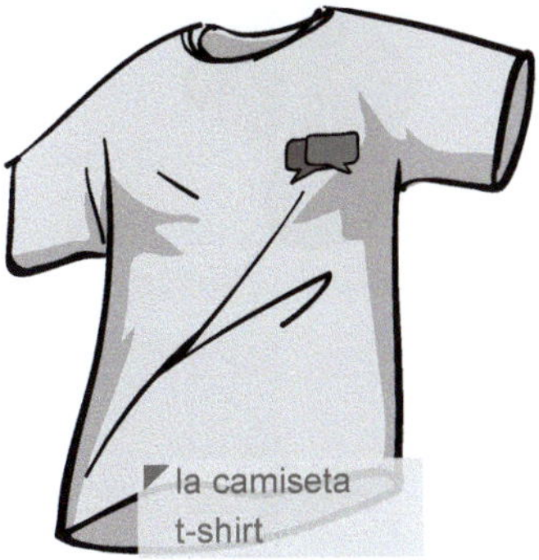

el cinturón
bälte

la camiseta
t-shirt

las botas
stövlar

las zapatillas
tofflor

las deportivas
sneakers

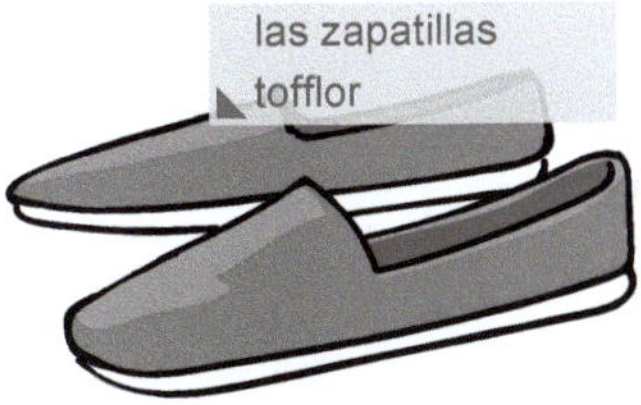

las sandalias
sandaler

los zapatos
skor

las botas de goma
gummistövlar

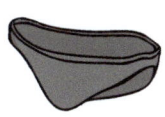

el slip
underbyxor

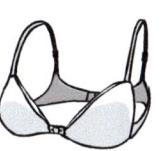

el sostén
BH

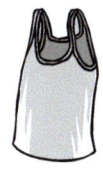

el chaleco
linne

el bodi

body

los pantalones cortos

byxor

los vaqueros

jeans

la falda

kjol

la blusa

blus

la camisa

skjorta

el jersey

pullover

el suéter

sweater

el blazer

blazer

la chaqueta

jacka

el abrigo

kappa

la gabardina

regnjacka

el traje

dräkt

el vestido

klänning

el vestido de novia

bröllopsklänning

el traje

kostym

el camisón

nattlinne

el pijama

pyjamas

el sati

sari

el bandana

slöja

el turbante

turban

la burka

burka

el caftán

kaftan

la abaya

abaya

el traje de baño

baddräkt

el bañador

badbyxor

los pantalones cortos

shorts

el chándal

träningsoverall

el delantal

förkläde

los guantes

handskar

el botón
knapp

las gafas
glasögon

el brazalete
armband

el collar
halsband

el anillo
ring

el pendiente
örhänge

la gorra
mössa

la percha
galge

el sombrero
hatt

la corbata
slips

la cremallera
dragkedja

el casco
hjälm

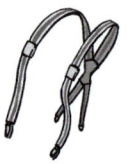

los tirantes
hängslen

el uniforme
skoluniform

el uniforme
uniform

el babero

haklapp

el maniquí

napp

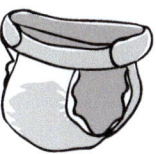

el pañal

blöja

la oficina
kontor

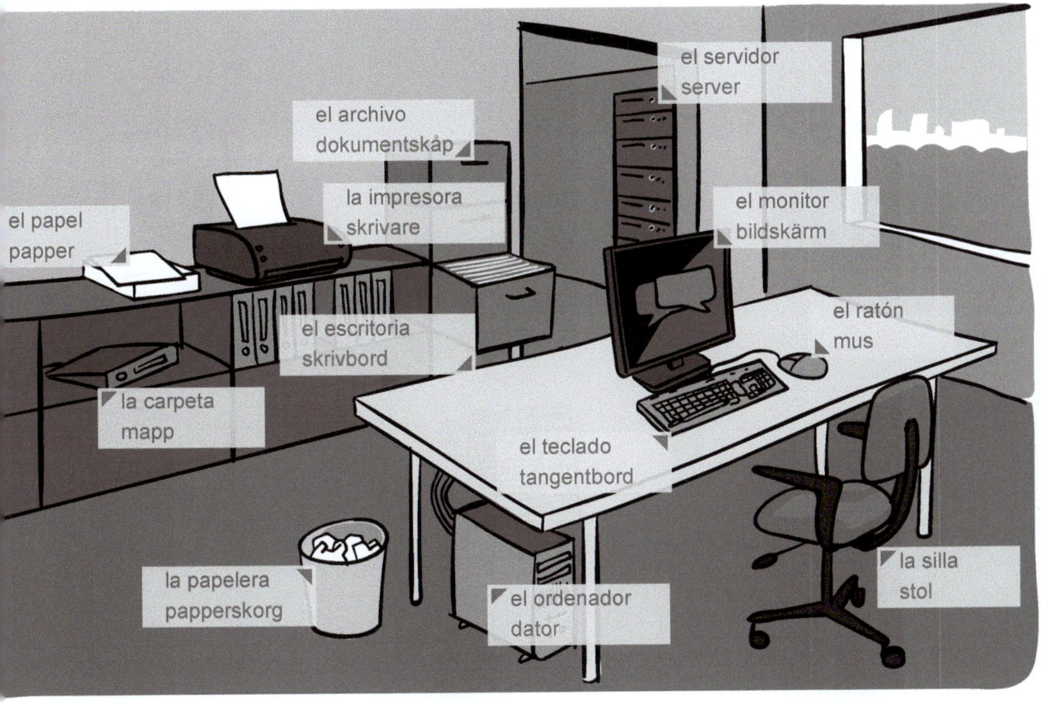

el servidor
server

el archivo
dokumentskåp

la impresora
skrivare

el papel
papper

el monitor
bildskärm

el escritoria
skrivbord

el ratón
mus

la carpeta
mapp

el teclado
tangentbord

la papelera
papperskorg

la silla
stol

el ordenador
dator

la taza de café

kaffemugg

la calculadora

miniräknare

el internet

internet

el portátil

bärbar dator

la carta

brev

el mensaje

meddelande

el móvil

mobiltelefon

la red

nätverk

la fotocopiadora

kopieringsapparat

el software

programvara

el teléfono

telefon

la toma de corriente

vägguttag

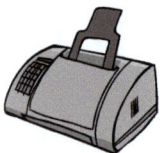

el fax

fax

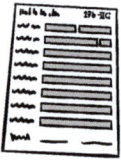

el formulario

blankett

el documento

dokument

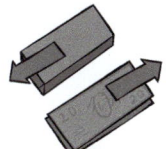

comprar

köpa

pagar

betala

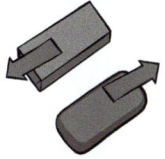

comerciar

handla

el dinero

pengar

el dólar

dollar

el euro

euro

el yen

yen

el rublo

rubel

el franco suizo

schweizisk franc

el renminbi yuan

renminbi yan

la rupia

rupie

el cajero automático

bankomat

la oficina de cambio de
divisas
....
växelkontor

el oro
....
guld

la plata
....
silver

el petróleo
....
olja

la energía
....
energi

el precio
....
pris

el contrato
....
kontrakt

el impuesto
....
skatt

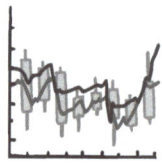

la acción
....
aktie

trabajar
....
arbeta

el empleador
....
anställd

el empleador
....
arbetsgivare

la fábrica
....
fabrik

la tienda de campaña
....
affär

los oficios
yrken

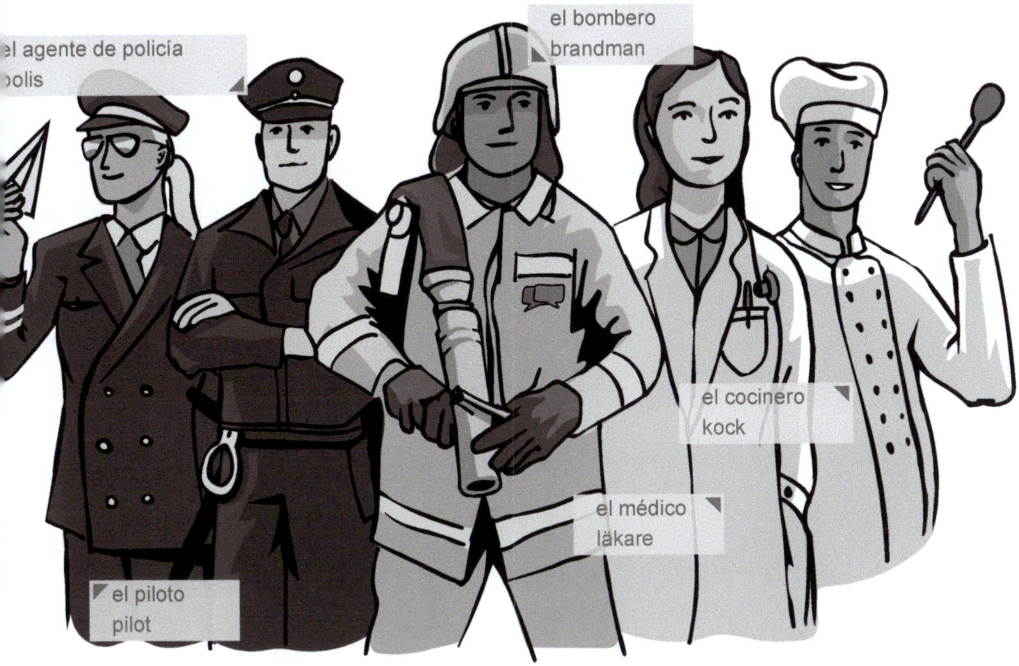
l agente de policía
olis
el bombero
brandman
el cocinero
kock
el médico
läkare
el piloto
pilot

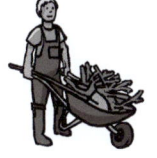

el jardinero
trädgårdsmästare

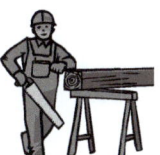

el carpintero
snickare

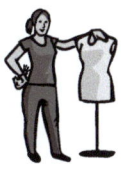

la costurera
sömmerska

el juez
domare

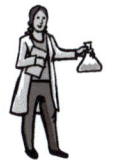

el farmacéutico
kemist

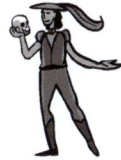

el actor
skådespelare

el conductor de autobús

busschaufför

el taxista

taxichaufför

el pescador

fiskare

la señora de la limpieza

städerska

el techador

takläggare

el camarero

servitör

el cazador

jägare

el pintor

målare

el panadero

bagare

el electricista

elektriker

el obrero

byggarbetare

el ingeniero

ingenjör

el carnicero

slaktare

el fontanero

rörmokare

el cartero

brevbärare

el soldado

soldat

el arquitecto

arkitekt

el cajero

kassör

el florista

florist

el peluquero

frisör

el revisor

konduktör

el mecánico

mekaniker

el capitán

kapten

el dentista

tandläkare

el científico

vetenskapsman

el rabino

rabbin

el imán

imam

el monje

munk

el sacerdote

präst

las herramientas
verktyg

el martillo
hammare
los alicates
tång
el destornillador
skruvmejsel
la llave
skiftnyckel
la linterna
ficklampa

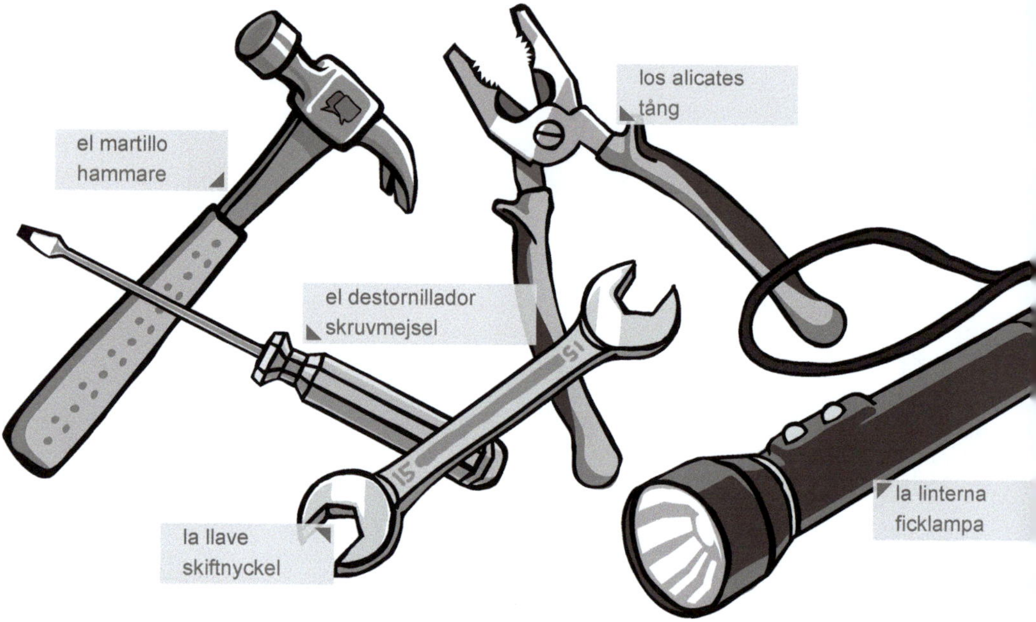

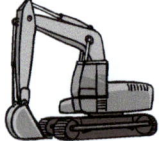

la excavadora

grävmaskin

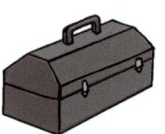

la caja de herramientas

verktygslåda

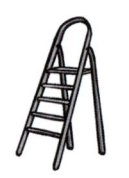

la escalera de mano

stege

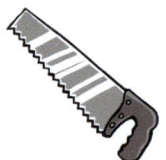

la sierra

såg

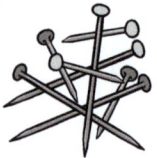

los clavos

spik

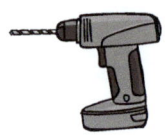

el taladro

borr

reparar
reparera

la pala
spade

¡Maldita sea!
Helvete!

el recogedor
sopskyffel

el bote de pintura
färgburk

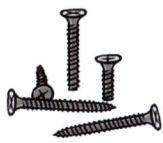

los tornillos
skruvar

los instrumentos musicales
musikinstrument

el altavoz
högtalare

la batería
trummor

la guitarra
gitarr

el contrabajo
kontrabas

la trompeta
trumpet

el piano

piano

el violín

violin

bajo

bas

los timbales

timpani

el tambor

trumma

el teclado

keyboard

el saxofón

saxofon

la flauta

flöjt

el micrófono

mikrofon

el zoo

zoo

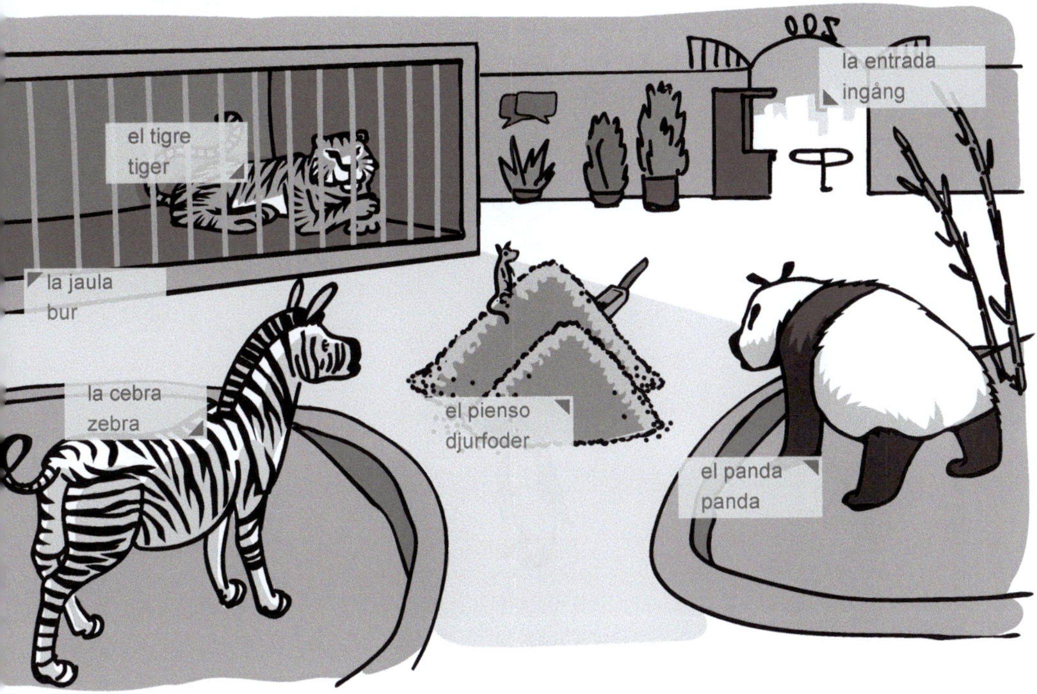

la entrada
ingång
el tigre
tiger
la jaula
bur
la cebra
zebra
el pienso
djurfoder
el panda
panda

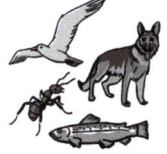

los animales

djur

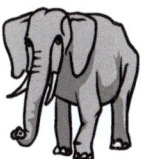

el elefante

elefant

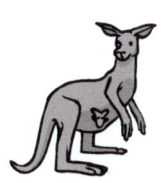

el canguro

känguru

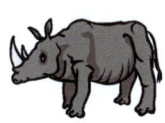

el rinoceronte

noshörning

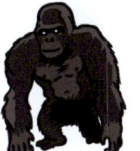

el gorila

gorilla

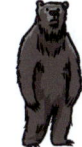

el oso

björn

el camello

kamel

el avestruz

struts

el león

lejon

el mono

apa

el flamingo

flamingo

el loro

papegoja

el oso polar

isbjörn

el pingüino

pingvin

el tiburón

haj

el pavo real

påfågel

la serpiente

orm

el cocodrilo

krokodil

el guardián de zoológico

djurskötare

la foca

säl

el jaguar

jaguar

el poni

ponny

el leopardo

leopard

el hipopótamo

flodhäst

la jirafa

giraff

el águila

örn

el jabalí

vildsvin

el pescado

fisk

la tortuga

sköldpadda

la morsa

valross

el zorro

räv

la gacela

gazell

el fútbol americano
amerikansk fotboll

el ciclismo
cykling

el tenis
tennis

el baloncesto
basket

la natación
simning

el hockey sobre hielo
ishockey

el boxeo
boxning

el fútbol
fotboll

el bádminton
badminton

el atletismo
friidrott

el balonmano
handboll

el esquí
skidåkning

el polo
polo

las actividades
aktiviteter

reír
skratta

saltar
hoppa

abrazar
krama

cantar
sjunga

caminar
gå

soñar
drömma

rezar
be

besar
kyssa

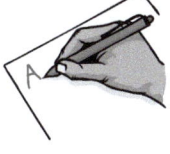

escribir

skriva

dibujar

rita

mostrar

visa

empujar

skjuta

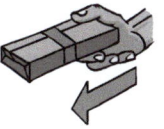

dar

ge

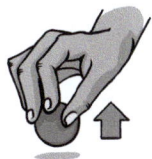

tomar

ta

las actividades - aktiviteter

63

tener

hagel

hacer

göra

ser

vara

estar de pie

stå

correr

springa

tirar

dra

tirar

kasta

caer

falla

yacer

ligga

esperar

vänta

llevar

bära

estar sentado

sitta

vestirse

klä på

dormir

sova

despertar

vakna

las actividades - aktiviteter

mirar

se på

llorar

gråta

acariciar

smeka

peinar

kamma

hablar

prata

entender

förstå

preguntar

fråga

escuchar

höra

beber

dricka

comer

äta

ordenar

städa

amar

älska

cocinar

laga mat

conducir

köra

volar

flyga

navegar

segla

calcular

räkna

leer

läsa

aprender

lära sig

trabajar

arbeta

casarse

gifta sig

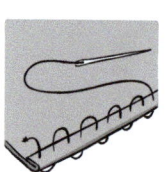

coser

sy

cepillarse los dientes

borsta tänderna

matar

döda

fumar

röka

enviar

skicka

la abuela
mormor/farmor

el abuelo
morfar/farfar

el padre
pappa

la madre
mamma

el bebé
baby

la hija
dotter

el hijo
son

el invitado
gäst

la tía
moster/faster

el tío
farbror/morbror

el hermano
bror

la hermana
syster

el cuerpo

kropp

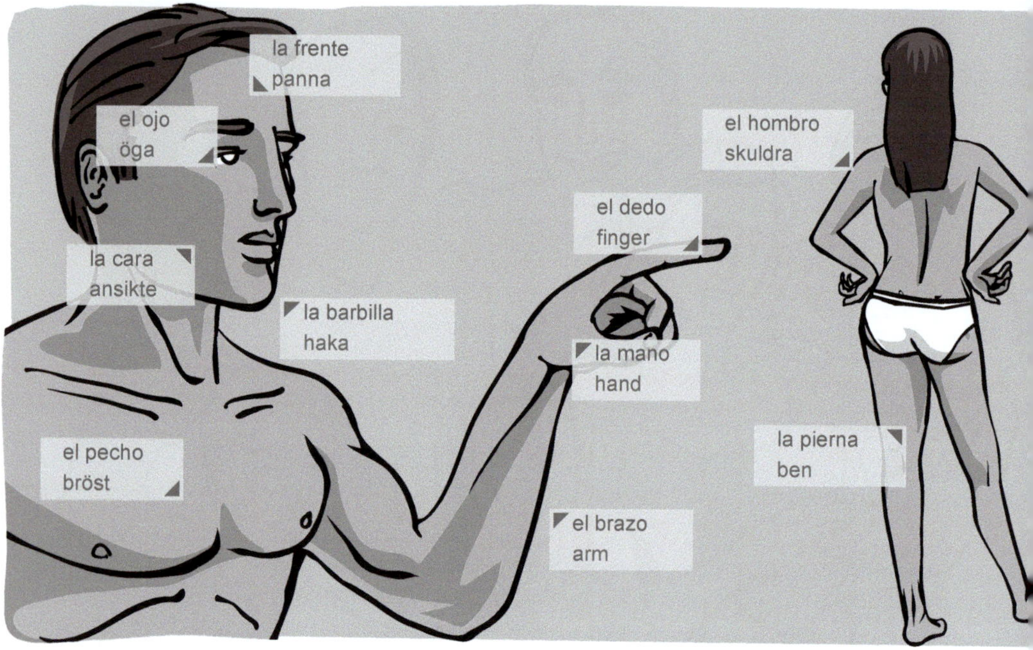

la frente
panna

el ojo
öga

el hombro
skuldra

el dedo
finger

la cara
ansikte

la barbilla
haka

la mano
hand

el pecho
bröst

la pierna
ben

el brazo
arm

el bebé

baby

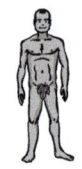

el hombre

man

la mujer

kvinna

la chica

flicka

el chico

pojke

la cabeza

huvud

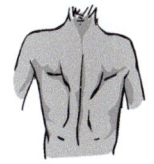

la espalda

rygg

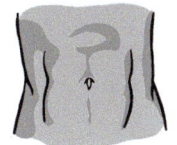

el vientre

mage

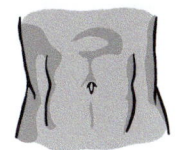

el ombligo

navel

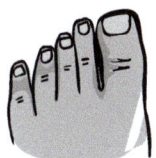

el dedo del pie

tå

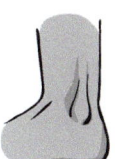

el talón

häl

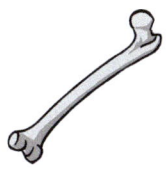

el hueso

ben

la cadera

höft

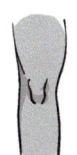

la rodilla

knä

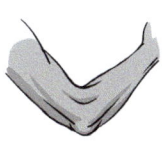

el codo

armbåge

la nariz

näsa

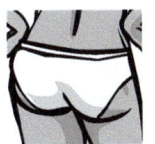

el trasero

stjärt

la piel

hud

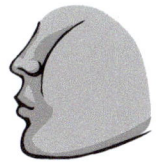

la mejilla

kind

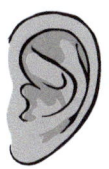

el oído

öra

el labio

läpp

la boca

mun

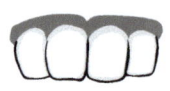

el diente

tand

la lengua

tunga

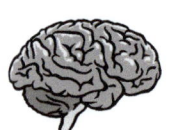

el cerebro

hjärna

el corazón

hjärta

el músculo

muskel

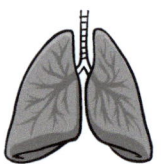

el pulmón

lunga

el hígado

lever

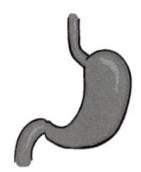

el estómago

magsäck

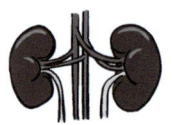

los riñones

njurar

el sexo

sex

el condón

kondom

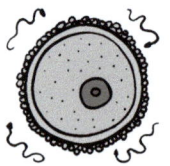

el ovario

äggcell

el semen

sperma

el embarazo

graviditet

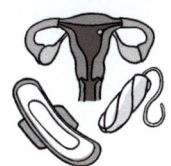

la menstruación

menstruation

la vagina

vagina

el pene

penis

la ceja

ögonbryn

el pelo

hår

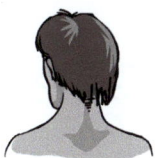

el cuello

nacke

el hospital
sjukhus

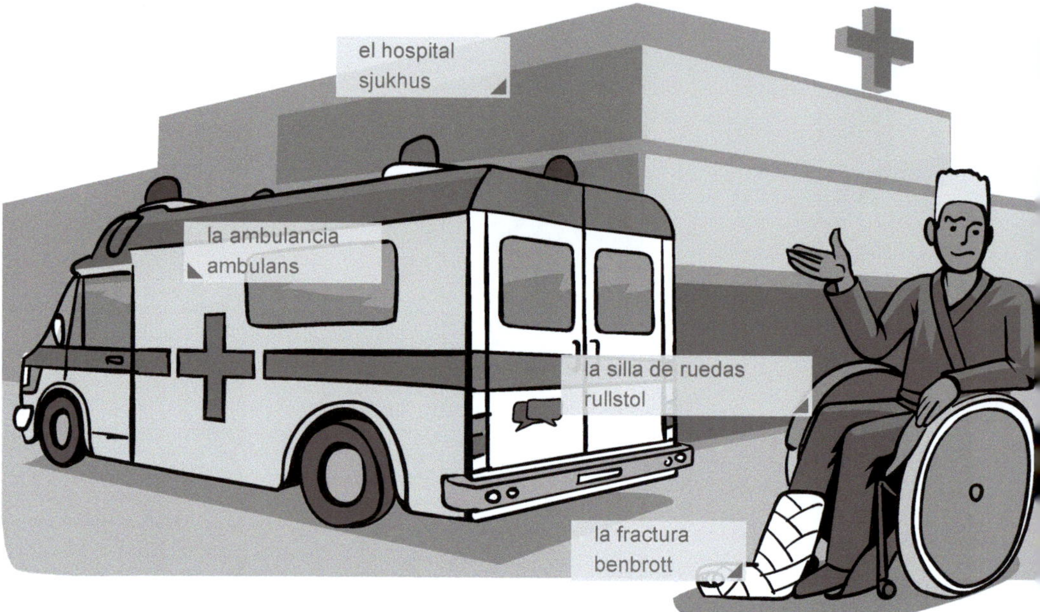

el hospital
sjukhus
la ambulancia
ambulans
la silla de ruedas
rullstol
la fractura
benbrott

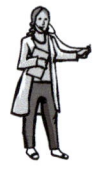

el médico

läkare

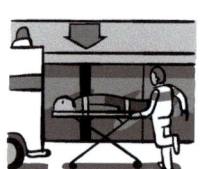

la sala de urgencias

akutmottagning

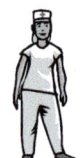

la enfermera

sjuksköterska

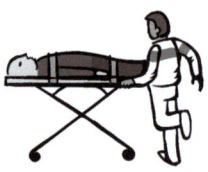

la urgencia

nödsituation

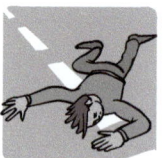

inconsciente

medvetslös

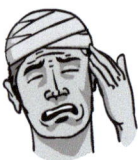

el dolor

smärta

la lesión
....
skada

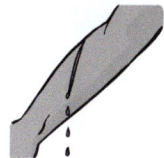

la hemorragia
....
blödning

el infarto
....
hjärtattack

el ictus
....
slaganfall

la alergia
....
allergi

la tos
....
hosta

la fiebre
....
feber

la gripe
....
influensa

la diarrea
....
diarré

el dolor de cabeza
....
huvudvärk

el cáncer
....
cancer

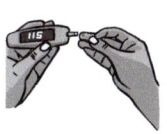

la diabetes
....
diabetes

el cirujano
....
kirurg

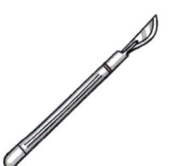

el bisturí
....
skalpell

la operación
....
operation

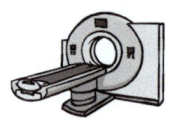

TAC
CT

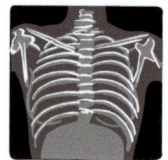

los rayos x
röntgen

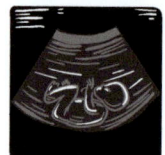

el ultrasonido
ultraljud

la mascarilla
ansiktsmask

la enfermedad
sjukdom

la sala de espera
väntsal

la muleta
krycka

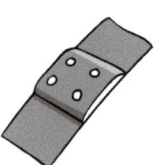

la tirita
plåster

la venda
bandage

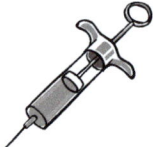

la inyección
injektion

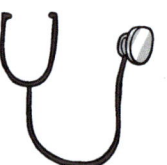

el estetoscopio
stetoskop

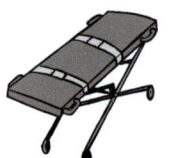

la camilla
bår

el termómetro
termometer

el nacimiento
födsel

el sobrepeso
övervikt

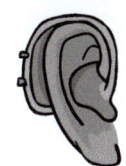

el audífono

hörapparat

el desinfectante

desinfektionsmedel

la infección

infektion

el virus

virus

VIH / SIDA

HIV / AIDS

la medicina

medicin

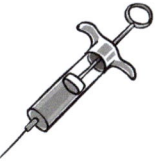

la vacunación

vaccination

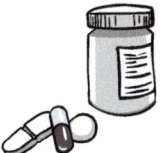

las tabletas

tabletter

la pastilla

p-piller

a llamada de urgencia

nödsamtal

el tensiómetro

blodtrycksmätare

enfermo / sano

sjuk / frisk

¡Socorro!

Hjälp!

la alarma

alarm

el asalto

överfall

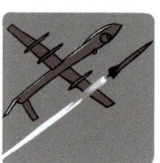

el ataque

misshandel

el peligro

fara

la salida de emergencia

nödutgång

¡Fuego!

Det brinner!

el extintor de incendios

brandsläckare

el accidente

olycka

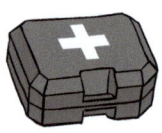

el botiquín de primeros
auxilios

förbandslåda

SOS

SOS

la policía

polis

Europa

Europa

Norteamérica

Nordamerika

Sudamérica

Sydamerika

África

Afrika

Asia

Asien

Australia

Australien

el atlántico

Atlanten

el Pacífico

Stilla Havet

el Océano Índico

Indiska Oceanen

el Océano Antártico

Antarktiska Oceanen

el Océano Ártico

Arktiska Oceanen

el polo norte

Nordpol

el polo sur
....
Sydpol

La Antártida
....
Antarktis

la tierra
....
Jorden

la tierra
....
land

el mar
....
hav

la isla
....
ö

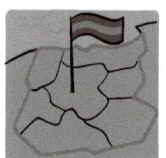

la nación
....
nation

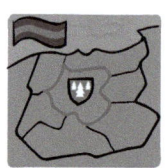

el estado
....
stat

la esfera

urtavla

la manecilla de las horas

timvisare

el minutero

minutvisare

el segundero

sekundvisare

¿Qué hora es?

Vad är klockan?

el día

dag

el tiempo

tid

ahora

nu

el reloj digital

digital klocka

el minuto

minut

la hora

timme

la semana
vecka

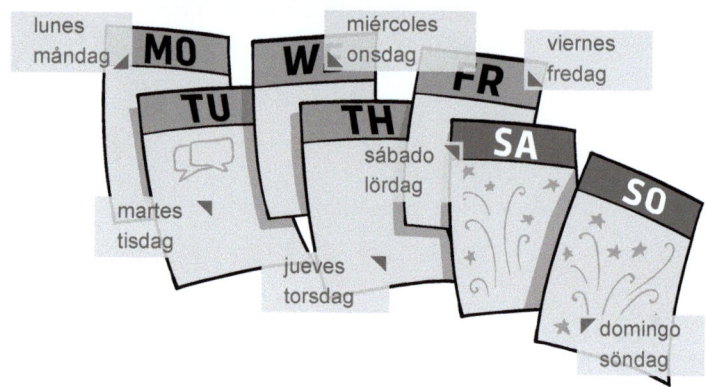

lunes
måndag

miércoles
onsdag

viernes
fredag

martes
tisdag

jueves
torsdag

sábado
lördag

domingo
söndag

ayer

igår

hoy

idag

mañana

imorgon

la mañana

morgon

el mediodía

middag

la tarde

kväll

MO	TU	WE	TH	FR	SA	SU
1	2	3	4	5	6	7
8	9	10	11	12	13	14
15	16	17	18	19	20	21
22	23	24	25	26	27	28
29	30	31	1	2	3	4

los días laborables

vardagar

MO	TU	WE	TH	FR	SA	SU
1	2	3	4	5	6	7
8	9	10	11	12	13	14
15	16	17	18	19	20	21
22	23	24	25	26	27	28
29	30	31	1	2	3	4

el fin de semana

helg

el año

år

el arcoíris
regnbåge
la lluvia
regn
la nieve
snö
el viento
vind
la primavera
vår
el otoño
höst
el verano
sommar
el invierno
vinter

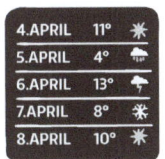

4.APRIL 11°
5.APRIL 4°
6.APRIL 13°
7.APRIL 8°
8.APRIL 10°

l pronóstico del tiempo

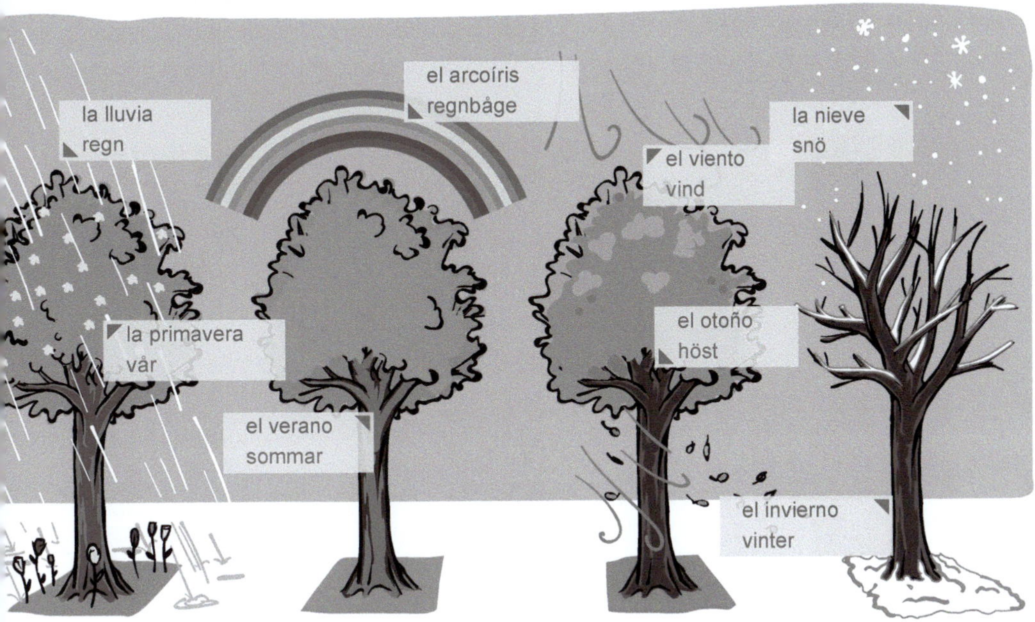

väderprognos

F
C
120
90
60
30
0
-30
40
30
20
10
0
-10
-20

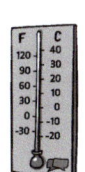

el termómetro

termometer

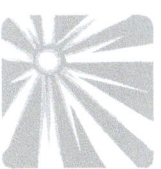

el sol

solsken

la nube

moln

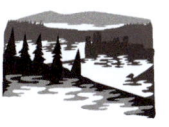

la niebla

dimma

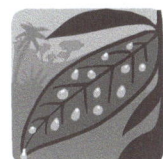

la humedad

luftfuktighet

el rayo

blixt

el trueno

åska

la tormenta

storm

el granizo

hagel

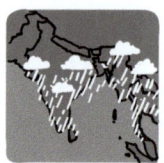

el monzón

monsun

la inundación

översvämning

el hielo

is

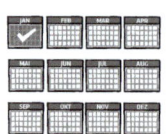

enero

januari

febrero

februari

marzo

mars

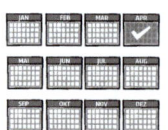

abril

april

mayo

maj

junio

juni

julio

juli

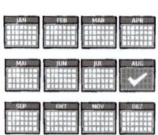

agosto

augusti

septiembre

september

octubre

oktober

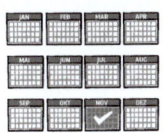

noviembre

november

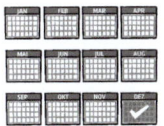

diciembre

december

las formas
former

el círculo

cirkel

el cuadrado

kvadrat

el rectángulo

rektangel

el triángulo

triangel

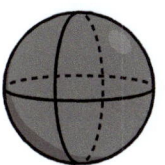

la esfera

sfär

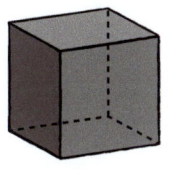

el cubo

kub

blanco

vit

amarillo

gul

anaranjado

orange

rosa

rosa

rojo

röd

morado

lila

azul

blå

verde

grön

marrón

brun

gris

grå

negro

svart

mucho / poco

mycket / lite

enojado / tranquilo

arg / lugn

bonito / feo

vacker / ful

principio / fin

början / slut

grande / pequeño

stor / liten

claro / oscuro

ljus / mörk

l hermano / la hermana

bror / syster

limpio / sucio

ren / smutsig

completo / incompleto

komplett / ofullständig

el día / la noche

dag / natt

muerto / vivo

död / levande

ancho / estrecho

bred / smal

comestible / no comestible

ätlig / oätlig

malo / amable

ond / god

entusiasmado / aburrido

upphetsad / uttråkad

gordo / delgado

tjock / smal

primero / último

först / sist

el amigo / el enemigo

vän / fiende

lleno / vacío

full / tom

duro / blando

hård / mjuk

pesado / ligero

tung / lätt

el hambre / la sed

hunger / törst

enfermo / sano

sjuk / frisk

ilegal / legal

olaglig / laglig

inteligente / tonto

intelligent / dum

izquierda / derecha

vänster / höger

cerca / lejos

nära / långt bort

nuevo / usado

ny / begagnad

nada / algo

inget / något

viejo / joven

gammal / ung

encendido / apagado

på / av

abierto / cerrado

öppen / stängd

silencioso / ruidoso

tyst / högljudd

rico / pobre

rik / fattig

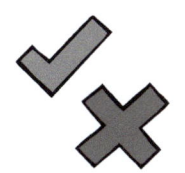

correcto / incorrecto

rätt / fel

áspero / suave

grov / slät

triste / contento

ledsen / glad

corto / largo

kort / lång

lento / rápido

långsam / snabb

húmedo / seco

våt / torr

cálido / frío

varm / sval

guerra / paz

krig / fred

0

cero

noll

1

uno

ett

2

dos

två

3

tres

tre

4

cuatro

fyra

5

cinco

fem

6

seis

sex

7

siete

sju

8

ocho

åtta

9

nueve

nio

10

diez

tio

11

once

elva

12
doce

tolv

13
trece

tretton

14
catorce

fjorton

15
quince

femton

16
dieciséis

sexton

17
diecisiete

sjutton

18
dieciocho

arton

19
diecinueve

nitton

20
veinte

tjugo

100
cien

hundra

1.000
mil

tusen

1.000.000
el millón

miljon

el inglés

engelska

el inglés americano

amerikansk engelska

el chino madarín

kinesisk mandarin

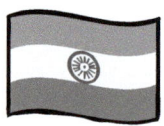

el hindi

hindi

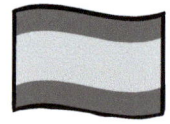

el español

spanska

el francés

franska

el árabe

arabiska

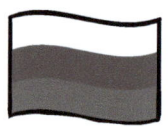

el ruso

ryska

el portugués

portugisiska

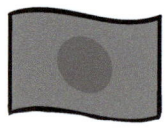

el bengalí

bengali

el alemán

tyska

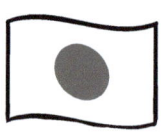

el japonés

japanska

yo

jag

tú

du

él / ella / ello

han / hon / den (det)

nosotros/as

vi

vosotros/as

ni

ellos/as

de

¿quién?

vem?

¿qué?

vad?

¿cómo?

hur?

¿dónde?

var?

¿cuándo?

när?

el nombre

namn

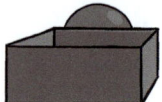

detrás

bakom

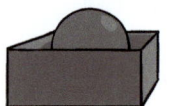

en

i

delante de

framför

por encima de

över

sobre

på

debajo de

under

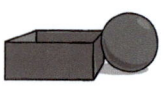

junto a

bredvid

entre

mellan

el lugar

plats